AF281824

Julian Simonetitsch

"Starkes Ich: Dein Weg zu mehr Selbstbewusst sein und innerer Stärke"

Impressum

Bibliografische Information der Deutschen Nationalbibliothek: Die Deutsche Nationalbibliothek verzeichnet diese Publikation in der Deutschen Nationalbibliografie; detaillierte bibliografische Daten sind im Internet über http://dnb.dnb.de abrufbar.

Die automatisierte Analyse des Werkes, um daraus Informationen insbesondere über Muster, Trends und Korrelationen gemäß §44b UrhG („Text und Data Mining") zu gewinnen, ist untersagt.

Lektorat: Julian Simonetitsch
Korrektorat: Julian Simonetitsch
Weitere Mitwirkende: Julian Simonetitsch BoD

Verlag: BoD · Books on Demand GmbH, In de Tarpen 42, 22848 Norderstedt

Druck: Libri Plureos GmbH, Friedensallee 273, 22763 Hamburg

ISBN: 978-3-7597-2419-9

Inhaltsverzeichnis

9. **<u>Selbstfürsorge als Basis für Stärke</u>**
   Gut für sich selbst sorgen und auf die eigenen Bedürfnisse achten.
10. **<u>Deine Komfortzone erweitern</u>**
    Schritt für Schritt neue Erfahrungen machen und wachsen.

Vorwort

Willkommen zu einem Buch, das dir neue Perspektiven auf dich selbst und deine Möglichkeiten eröffnet. In unserer oft hektischen und anspruchsvollen Welt ist es leicht, sich von Selbstzweifeln bremsen zu lassen oder an veralteten, negativen Überzeugungen über sich selbst festzuhalten. Doch wie wäre es, diese zu hinterfragen und durch eine starke, positive Einstellung zu ersetzen?

Dieses Buch begleitet dich auf dem Weg zu einem authentischen, selbstbewussten Leben. Es bietet dir einfache, praktische Techniken, um alte Denkmuster loszulassen, den inneren Kritiker in eine unterstützende Stimme zu verwandeln und deine Selbstakzeptanz zu fördern. Die Übungen und Reflexionen laden dich ein, deine Komfortzone Schritt für Schritt zu erweitern und positive Selbstgespräche zu etablieren, die dir den Rücken stärken.

Hier geht es nicht um schnelle Lösungen oder Perfektion. Vielmehr möchte dieses Buch dir Werkzeuge an die Hand geben, mit denen du langfristig eine liebevolle, stärkende Beziehung zu dir selbst aufbauen kannst. Nimm dir die Freiheit, die Übungen in deinem Tempo umzusetzen, und beobachte, wie du mit jedem Kapitel mehr Vertrauen in dich selbst gewinnst.

Kapitel 1: Die Kraft des positiven Denkens

Einführung
Positives Denken ist eine bewusste Wahl, die Art und Weise zu ändern, wie wir die Welt, uns selbst und unsere Herausforderungen wahrnehmen. Viele glauben, dass positives Denken bedeutet, die negativen Aspekte des Lebens zu ignorieren, doch es ist weit mehr als das. Positives Denken ist eine Herangehensweise, die uns befähigt, konstruktiv auf Herausforderungen zu reagieren und uns auf Lösungen und Wachstum zu konzentrieren. Es erfordert eine kontinuierliche Arbeit an unseren Denk- und Verhaltensmustern und kann eine enorme Kraft für unser Selbstbewusstsein und Wohlbefinden entfalten. Dieses Kapitel führt dich tief in die Welt des positiven Denkens ein und erklärt, warum und wie wir lernen können, positiv zu denken. Mit umfassenden Techniken, Übungen und inspirierenden Beispielen wird dir bewusst, wie positives Denken dein Leben verändern kann.

Die Wissenschaft hinter positivem Denken
Forscher haben gezeigt, dass positive Gedanken nicht nur unsere Stimmung verbessern, sondern auch physische und psychische Veränderungen im Gehirn bewirken. Dies liegt an der Fähigkeit unseres Gehirns zur Neuroplastizität – dem Prozess, durch den neuronale Verbindungen durch Erfahrungen und Gedanken gestärkt oder geschwächt werden. Wenn wir das positive Denken trainieren, werden entsprechende neuronale Bahnen im Gehirn verstärkt, was langfristig zu einer optimistischeren und resilienteren Denkweise führt.

Studien zur Macht des positiven Denkens:

1. **Barbara Fredrickson** – Eine Pionierin auf dem Gebiet der positiven Psychologie, Fredrickson, entwickelte die "Broaden-and-Build-Theorie". Sie besagt, dass positive Emotionen unseren Horizont erweitern und unser kreatives Denken und Problemlösen fördern. Menschen, die regelmäßig positive Gedanken und Emotionen erleben, entwickeln langfristig mehr Resilienz.
2. **Neurochemie** – Positive Gedanken fördern die Ausschüttung von Dopamin und Serotonin, den sogenannten Glückshormonen. Diese Neurotransmitter haben nicht nur Einfluss auf unsere Stimmung, sondern steigern auch unsere Motivation und Konzentration.

Fallstudie: Anna und die Kunst des positiven Denkens

Anna, eine 32-jährige Grafikdesignerin, kämpfte seit Jahren mit Selbstzweifeln und negativer Selbstwahrnehmung. Jedes Mal, wenn ein Projekt schwierig wurde, verstärkte sich ihr innerer Kritiker: „Du schaffst das sowieso nicht." Nach einem intensiven Workshop zum positiven Denken entschied sie sich, bewusst ihre Denkmuster zu verändern.

Anna begann mit einer simplen Technik: dem täglichen Dankbarkeitstagebuch. Zu Beginn empfand sie es als künstlich, täglich positive Dinge aufzuschreiben. Doch nach etwa zwei Wochen bemerkte sie eine Veränderung: Sie fand immer mehr Dinge, die ihr Freude bereiteten oder die sie schätzte. Durch regelmäßiges Üben fühlte sie sich zunehmend motiviert und bemerkte, wie ihre Zweifel seltener und schwächer wurden.

Anna ist ein lebendiges Beispiel dafür, dass positives Denken nicht angeboren sein muss. Mit kontinuierlicher Übung hat sie ihre negativen Gedankenmuster überwunden und ihr Leben transformiert.

Techniken für positives Denken
1. Gedankenanalyse und -umgestaltung
Negative Gedanken entstehen oft automatisch und unbewusst. Die erste Technik des positiven Denkens besteht darin, diese Gedanken bewusst wahrzunehmen und durch gezielte Umgestaltung in eine konstruktive Richtung zu lenken.
Schritte zur Gedankenanalyse und Umgestaltung:
- **Beobachtung**: Notiere dir im Alltag negative Gedanken, sobald sie auftreten. Mache dir bewusst, dass diese Gedanken nicht die Realität darstellen, sondern nur eine Perspektive.
- **Umgestaltung**: Frage dich: „Wie könnte ich diesen Gedanken so umformulieren, dass er mir hilft, statt mich herunterzuziehen?" Zum Beispiel wird „Ich bin einfach nicht gut genug" zu „Ich wachse jeden Tag und lerne dazu."

Vertiefte Übung zur Gedankenanalyse:
- **Tag 1–3**: Beobachte deine Gedanken und notiere die negativen. Formuliere sie bewusst in eine positive, konstruktive Perspektive um.
- **Tag 4–7**: Lies deine positiven Formulierungen jeden Morgen und Abend laut durch und achte darauf, wie sich deine Einstellung nach einer Woche verändert hat.

2. Das tägliche Dankbarkeitstagebuch

Eine der kraftvollsten Methoden des positiven Denkens ist die Kultivierung von Dankbarkeit. Menschen, die regelmäßig ihre Dankbarkeit ausdrücken, berichten von höherer Zufriedenheit und emotionaler Stabilität.

Schritte zum Dankbarkeitstagebuch:

- **Täglich 3 Dinge aufschreiben**: Notiere dir jeden Abend drei Dinge, für die du an diesem Tag dankbar bist. Dies können einfache Dinge sein, wie ein schönes Gespräch, eine gelungene Arbeit oder das Gefühl von Entspannung.
- **Wöchentlich reflektieren**: Am Ende der Woche lies deine Einträge durch und beobachte, wie sie deinen Blick auf das Leben verändern.

Erweiterte Dankbarkeitsübung:

- **Monatliches Dankbarkeitsritual**: Wähle einen Tag im Monat, um zurückzublicken und die wichtigsten positiven Erlebnisse zu reflektieren. Schreibe ein Dankbarkeitsbrief an eine Person, die dir wichtig ist, und Teile ihm oder ihr deine Gedanken mit.

3. Visualisierung und mentale Projektion

Visualisierung ist eine Technik, die dir hilft, positive Erlebnisse und Wünsche in deinem Geist zu erschaffen. Diese Praxis stärkt dein positives Denken, da das Gehirn ähnlich wie bei echten Erlebnissen reagiert, wenn wir uns lebendig und detailliert eine gewünschte Situation vorstellen.

Schritte zur Visualisierung:
1. **Ziel definieren**: Wähle eine Situation oder ein Ziel, das du erreichen möchtest, zum Beispiel „Ich meistere das nächste Präsentationstreffen erfolgreich."
2. **Lebendige Vorstellungskraft**: Schließe die Augen und stelle dir die Situation vor. Gehe so detailliert wie möglich vor: Wie fühlt sich der Raum an, was hörst du, wie reagierst du? Fühle die Zufriedenheit, das Selbstvertrauen und die Freude, die du dabei erlebst.
3. **Regelmäßig üben**: Nimm dir täglich 5–10 Minuten, um diese positive Situation zu visualisieren. Beobachte, wie sich dein Selbstbewusstsein im Laufe der Zeit verstärkt.

Tägliche Visualisierung in der Praxis:
- Setze dir jeden Morgen ein kleines Ziel für den Tag und visualisiere, wie du es erfolgreich umsetzt.
- Notiere dir am Abend, ob die Visualisierung dir geholfen hat, dein Ziel zu erreichen, und reflektiere, welche Gefühle sie in dir ausgelöst hat.

Erweiterte Übung: 30-Tage-Positivitäts-Challenge
Die folgende Challenge hilft dir, über einen längeren Zeitraum positive Denkgewohnheiten zu entwickeln und fest zu verankern. Die Herausforderung besteht darin, jeden Tag gezielt an deinem Mindset zu arbeiten und die Techniken des positiven Denkens zu intensivieren.

Tägliche Übungsschritte:

1. **Affirmation des Tages**: Beginne jeden Morgen mit einer Affirmation wie „Ich bin bereit, Positives in meinem Leben willkommen zu heißen."
2. **Gedankenreflexion**: Notiere dir am Abend drei Gedanken des Tages und überlege, wie du sie umgestalten könntest, wenn sie negativ waren.
3. **Dankbarkeitsmoment**: Schreibe drei Dinge auf, die dich heute glücklich oder zufrieden gemacht haben.

Wöchentliche Vertiefung:

- **Rückblick und Anpassung**: Am Ende jeder Woche lies deine Einträge durch und wähle einen Schwerpunkt, der dir geholfen hat, mehr Positivität in dein Leben zu bringen. Setze dir für die kommende Woche einen Fokus, z. B. besonders auf positive Selbstgespräche zu achten.

Monatliche Reflexion und Feedback an dich selbst:

- Am Ende der 30 Tage schreibe einen Brief an dich selbst, in dem du reflektierst, wie sich deine Einstellung und dein positives Denken entwickelt haben. Dieser Brief dient dir als Erinnerung daran, was du durch kontinuierliches Training erreichen kannst.

Reflexionsfragen zur Verankerung des positiven Denkens

- Was sind die häufigsten negativen Gedanken, die ich habe, und wie kann ich sie in eine positive Richtung lenken?
- Wie fühle ich mich, wenn ich Dankbarkeit für kleine Erlebnisse des Tages ausdrücke?

- Wann in der Vergangenheit hat mir positives Denken geholfen, eine schwierige Situation zu meistern? Welche Strategie kann ich daraus für die Zukunft ableiten?
- Wie kann ich positives Denken in meinen Alltag integrieren, um langfristig von seinen Vorteilen zu profitieren?

Vertiefung: Fallstudien und weitere narrative Beispiele

Beispiel 1: Mark, ein 45-jähriger Unternehmensberater, hatte oft das Gefühl, dass er nicht gut genug sei und von anderen nicht respektiert werde. Er lernte die Visualisierungstechnik kennen und stellte sich vor jeder wichtigen Besprechung vor, wie er souverän auftritt und die Anerkennung seiner Kollegen gewinnt. Nach zwei Monaten spürte er eine deutliche Verbesserung seiner Selbstwahrnehmung und der Zusammenarbeit mit seinem Team.

Beispiel 2: Sophie, eine 28-jährige Lehrerin, litt unter chronischem Stress. Sie begann mit einem täglichen Dankbarkeitstagebuch und stellte fest, dass sie durch die tägliche Reflexion immer mehr positive Aspekte in ihrem Beruf erkannte. Diese Umstellung führte zu einer merklichen Verbesserung ihres Wohlbefindens und ihres Selbstbewusstseins.

Mit dieser tiefgehenden, systematischen Herangehensweise können Leser die Kunst des positiven Denkens nicht nur verstehen, sondern im Alltag praktisch anwenden und ihre Denkweise nachhaltig transformieren.

Kapitel 2: Selbstakzeptanz – Dein bester Freund werden

Einführung

Selbstakzeptanz ist die Fähigkeit, sich selbst mit all seinen Stärken und Schwächen anzunehmen. Sie bildet die Grundlage für ein authentisches Leben und ermöglicht uns, uns von der ständigen Selbstkritik zu befreien. Während viele Menschen Selbstakzeptanz mit Selbstverbesserung verwechseln, ist es wichtig zu verstehen, dass echte Selbstakzeptanz nicht bedeutet, perfekt sein zu müssen, sondern sich so anzunehmen, wie man ist. Dieses Kapitel widmet sich den Herausforderungen, Techniken und Strategien, um Selbstakzeptanz zu stärken.

Die Psychologie der Selbstakzeptanz und des Selbstwertgefühls

Forscher der Psychologie haben gezeigt, dass Menschen mit einem hohen Maß an Selbstakzeptanz zufriedener und widerstandsfähiger sind. Selbstakzeptanz bedeutet, einen liebevollen Blick auf sich selbst zu entwickeln und sich in schwierigen Momenten genauso zu unterstützen wie in guten Zeiten. Studien zur Psychologie der Selbstakzeptanz zeigen, dass das Gefühl, wertvoll zu sein, eine Schlüsselrolle spielt – unabhängig von Erfolgen oder Fehlern.

Unterschiede zwischen Selbstakzeptanz und Perfektionismus:

1. **Selbstakzeptanz**: Die Annahme, dass man gut genug ist, so wie man ist. Selbstakzeptanz erlaubt

uns, uns auf das Positive zu konzentrieren, ohne uns für Fehler zu verurteilen.

2. **Perfektionismus**: Das Gefühl, erst dann wertvoll zu sein, wenn wir perfekt sind. Perfektionismus erzeugt oft inneren Druck und führt dazu, dass wir uns selbst nie als „gut genug" empfinden.

Psychologische Vorteile der Selbstakzeptanz:

- Erhöhte Resilienz in stressigen Situationen.
- Höheres Maß an emotionalem Wohlbefinden.
- Tieferes Selbstvertrauen und eine gesündere Beziehung zu sich selbst.

Fallstudie: Jonas und sein Weg zur Selbstakzeptanz

Jonas, 36 Jahre alt und erfolgreicher Softwareentwickler, war stets ein Perfektionist. Obwohl er beruflich große Erfolge hatte, fühlte er sich innerlich oft unsicher und zweifelte an seinem Wert. Als er schließlich beschloss, an seiner Selbstakzeptanz zu arbeiten, begann er mit der Praxis des Selbstmitgefühls. Er entwickelte ein Ritual, in dem er sich selbst bewusst lobte und Fehler nicht mehr als Schwächen, sondern als Lernchancen ansah. Mit der Zeit bemerkte Jonas, dass er zufriedener und entspannter wurde und seine innere Kritikerstimme leiser wurde.

Techniken zur Förderung der Selbstakzeptanz
1. Die Praxis des Selbstmitgefühls

Selbstmitgefühl bedeutet, sich selbst mit derselben Freundlichkeit und Geduld zu begegnen, die wir einem guten Freund entgegenbringen würden.

Schritte zur Praxis des Selbstmitgefühls:

- **Bewusstheit entwickeln**: In stressigen Momenten oder nach Fehlern bewusst innehalten und sich

sagen: „Es ist okay, dass ich diesen Fehler gemacht habe."
- **Selbstunterstützende Worte finden**: Formuliere eine Liste von Sätzen, die du dir in schwierigen Momenten sagen kannst, z. B. „Ich bin genug" oder „Fehler machen mich menschlich."
- **Tägliches Üben**: Setze dir das Ziel, mindestens einmal täglich eine Situation zu finden, in der du Selbstmitgefühl üben kannst.

2. Selbstreflexion und Journaling
Journaling hilft, negative Denkmuster und Überzeugungen zu erkennen und zu hinterfragen. Dies ist ein kraftvolles Werkzeug, um innere Blockaden zu lösen und mehr Selbstakzeptanz zu entwickeln.
Schritte zur Journaling-Praxis:
- **Gedanken aufschreiben**: Schreibe über Momente, in denen du dich selbst kritisiert hast. Notiere, warum diese Kritik ungerechtfertigt oder übertrieben ist.
- **Positive Gegendarstellungen entwickeln**: Finde Gegenbeispiele für negative Gedanken. Wenn du z. B. denkst „Ich bin nie gut genug", notiere Momente, in denen du gute Leistungen erbracht hast.
- **Langfristiges Journaling**: Führe das Journal täglich über einen Monat und beobachte, wie sich dein Selbstbild durch die Reflexion verändert.

3. Achtsamkeit für den Umgang mit negativen Überzeugungen
Achtsamkeit hilft, negative Überzeugungen wahrzunehmen und loszulassen. Durch regelmäßige

Achtsamkeitspraxis können wir negative Gedankenmuster erkennen und verhindern, dass sie unser Selbstbild beeinflussen.

Schritte zur Achtsamkeitspraxis:
1. **Tägliche Meditation**: Nimm dir jeden Tag fünf Minuten Zeit, um deine Gedanken zu beobachten, ohne sie zu bewerten. Lasse alle Gedanken einfach kommen und gehen, ohne auf sie zu reagieren.
2. **Gedanken bewusst beobachten**: Wenn ein negativer Gedanke auftritt, frage dich, ob er wirklich wahr ist, oder ob es sich nur um eine alte Überzeugung handelt.
3. **Selbstmitgefühl aktivieren**: Wenn du einen negativen Gedanken bemerkst, gehe bewusst in eine freundliche Haltung zu dir selbst. Sage dir selbst: „Dieser Gedanke muss nicht die Realität darstellen.“

Erweiterte Übung: 21-Tage-Selbstakzeptanz-Challenge
Diese Challenge hilft dir, Selbstakzeptanz im Alltag zu üben und zu verinnerlichen. Die tägliche Übung über drei Wochen festigt die neuen Denkweisen und stärkt das Gefühl, wertvoll und gut genug zu sein.

Tägliche Übungsschritte:
1. **Morgenaffirmation**: Beginne jeden Tag mit der Affirmation: „Ich akzeptiere mich so, wie ich bin.“

2. **Selbstmitgefühl praktizieren**: Notiere jeden Abend eine Situation, in der du dich selbst unterstützen oder trösten konntest.
3. **Dankbarkeit für sich selbst**: Schreibe täglich eine Eigenschaft oder einen Erfolg auf, den du an dir schätzt.

Wöchentliche Reflexion:

- Am Ende jeder Woche schreibe auf, wie sich dein Selbstbild verändert hat und welche neuen Erkenntnisse du über dich gewonnen hast. Setze dir für die kommende Woche eine besondere Herausforderung, z. B. dir selbst bewusst Komplimente zu machen.

Monatliche Reflexion und Selbstbewertung:

- Am Ende der 21 Tage erstelle eine Liste mit den positiven Eigenschaften und Erfolgen, die du an dir wahrgenommen hast. Notiere auch, welche Veränderungen du bemerkst und wie du Selbstakzeptanz weiter in deinen Alltag integrieren möchtest.

Reflexionsfragen zur Selbstakzeptanz

- Welche Aspekte meines Selbst akzeptiere ich bereits, und welche lehne ich noch ab?
- Wie könnte sich mein Leben verändern, wenn ich mich vollständig annehmen würde?
- Welche Erfahrungen haben meine Selbstakzeptanz bisher beeinflusst, und wie kann ich diese Denkweisen überwinden?
- Welche Komplimente oder Anerkennung kann ich mir selbst täglich aussprechen?

Erweiterung durch weitere Fallbeispiele
Beispiel 1: Lena, eine 29-jährige Journalistin, fühlte sich
oft überfordert und zweifelte an ihrem Können. Sie
begann damit, ihre negativen Gedanken zu reflektieren
und in ein Journal zu schreiben. Nach einem Jahr
bemerkte sie, dass sich ihre Selbstwahrnehmung deutlich
verbessert hatte, und sie fühlte sich in ihrer Arbeit
sicherer.
Beispiel 2: Max, ein 40-jähriger Lehrer, arbeitete an
seiner Selbstakzeptanz, indem er tägliche
Selbstmitgefühlsübungen praktizierte. Durch diese Praxis
lernte er, sich auch nach schwierigen
Unterrichtssituationen zu beruhigen und sich selbst zu
verzeihen.

Durch diese Übungen, Reflexionen und Techniken wird
Selbstakzeptanz als grundlegende Fähigkeit des
Selbstbewusstseins etabliert. Die Werkzeuge in diesem
Kapitel helfen dir, Selbstakzeptanz in allen Aspekten des
Lebens zu entwickeln und so das Fundament für ein
starkes Selbstbewusstsein zu legen.

Kapitel 3: Ziele setzen und erreichen

Einführung
Ziele sind der Motor unserer persönlichen Entwicklung.
Sie geben unserem Leben Richtung und Klarheit und
helfen uns, unser Potenzial zu entfalten. Ziele setzen
bedeutet, Verantwortung für unser eigenes Wachstum zu
übernehmen und bewusst die Schritte zu planen, die uns
dorthin bringen. In diesem Kapitel lernst du, wie du
motivierende und erreichbare Ziele setzt und dich auf

deinem Weg zu mehr Selbstbewusstsein und Erfüllung erfolgreich begleitest.

Die Wissenschaft hinter der Zielsetzung

Gute Zielsetzung hat weitreichende psychologische Vorteile. Wenn wir Ziele erreichen, erleben wir einen Dopaminanstieg, der das Belohnungssystem im Gehirn aktiviert und uns motiviert, weiterzumachen. Ziele helfen uns, den Sinn und die Kontrolle über unser Leben zu behalten.

SMART-Ziele und ihre Wirkung:

1. **Spezifisch**: Ein klares Ziel gibt uns die Richtung und Motivation.
2. **Messbar**: Indem wir Fortschritte sehen, steigern wir unser Selbstvertrauen.
3. **Erreichbar**: Realistische Ziele halten uns motiviert.
4. **Relevant**: Ziele, die für uns persönlich wichtig sind, haben eine größere Wirkung.
5. **Terminiert**: Zeitliche Vorgaben geben uns einen Rahmen und sorgen dafür, dass wir vorankommen.

Techniken für effektives Zielsetzen

1. SMART-Methode intensiv anwenden

SMART-Ziele sind mehr als eine bloße Zielsetzungsmethode – sie schaffen die Basis für Erfolg und Beständigkeit.

Schritte zur SMART-Zielsetzung:

- **Spezifisch formulieren**: Was genau möchtest du erreichen?
- **Messbare Ergebnisse definieren**: Wie erkennst du, dass du das Ziel erreicht hast?

- **Erreichbarkeit sicherstellen**: Überlege, ob du die Ressourcen und Zeit hast, um das Ziel zu erreichen.
- **Relevanz hinterfragen**: Warum ist dir dieses Ziel wichtig?
- **Terminiert setzen**: Lege einen realistischen Zeitrahmen fest.

2. Visualisierung der Zielerreichung

Die Vorstellungskraft hilft uns, unsere Ziele lebendig und realistisch zu machen. Durch regelmäßige Visualisierungen schaffen wir eine emotionale Verbindung zu unserem Ziel.

Schritte zur Visualisierung:

1. **Klarer Fokus**: Wähle ein Ziel, das du visualisieren möchtest.
2. **Details einbeziehen**: Stelle dir vor, wie du dich beim Erreichen des Ziels fühlst und was du siehst und hörst.
3. **Emotionale Verbindung herstellen**: Fühle die Freude und das Selbstbewusstsein, die mit deinem Erfolg einhergehen.
4. **Tägliche Übung**: Nimm dir 5–10 Minuten täglich Zeit, um dein Ziel zu visualisieren.

3. Reflexion und Zielanpassung

Eine regelmäßige Zielreflexion stellt sicher, dass du auf dem richtigen Weg bleibst und deine Motivation erhältst.

Schritte zur Zielreflexion:

- **Wöchentlich überprüfen**: Frage dich jede Woche, ob du Fortschritte gemacht hast und was du nächste Woche besser machen kannst.

- **Hindernisse identifizieren**: Notiere mögliche Herausforderungen und finde Lösungen.
- **Erfolge feiern**: Jeder kleine Schritt zählt – belohne dich für jeden Fortschritt, um motiviert zu bleiben.

Intensiv-Übung: Monatsprojekt „Ziele setzen und reflektieren"
1. **Zieldefinition für den Monat**: Wähle ein realistisches und bedeutendes Ziel.
2. **Wöchentliche Teilziele**: Teile das Ziel in vier Schritte auf, die du jede Woche umsetzen kannst.
3. **Tägliche Reflexion**: Führe ein Tagebuch über deine Fortschritte und Herausforderungen.
4. **Monatsende**: Am Ende des Monats reflektiere, was du gelernt hast und wie sich deine Selbstwirksamkeit entwickelt hat.

Reflexionsfragen zur Zielsetzung
- Welche Ziele motivieren mich wirklich, und warum?
- Was kann ich tun, um meine Ziele noch klarer und motivierender zu formulieren?
- Welche Herausforderungen oder Hindernisse könnten mich davon abhalten, mein Ziel zu erreichen?

Kapitel 4: Der innere Kritiker

Einführung
Der innere Kritiker ist die Stimme in uns, die unsere Zweifel, Ängste und Unsicherheiten verstärkt. Diese Stimme hat oft Wurzeln in unserer Vergangenheit – Erfahrungen, Prägungen und Glaubenssätze, die wir als Kind übernommen haben. Der innere Kritiker kann unser Selbstvertrauen erheblich schwächen und uns daran hindern, neue Herausforderungen anzunehmen. Doch indem wir lernen, diese kritische Stimme zu verstehen und zu beruhigen, können wir unser Selbstbewusstsein stärken und uns selbst unterstützend begegnen.

Die Psychologie des inneren Kritikers
Die Stimme des inneren Kritikers entsteht oft durch Erlebnisse und Rückmeldungen, die wir in der Vergangenheit erhalten haben. Sie basiert auf Überlebensstrategien, die das Gehirn entwickelt hat, um uns vor Schmerz und Misserfolg zu schützen. Doch in der heutigen Zeit, wo es nicht mehr ums Überleben, sondern um das persönliche Wachstum geht, kann der innere Kritiker uns zurückhalten, anstatt uns zu helfen.

Wissenschaftliche Perspektiven zum inneren Kritiker:

1. **Psychologische Entwicklung**: Der innere Kritiker formt sich oft in der Kindheit und wird durch das, was wir erleben, verstärkt. Kritik von Eltern, Lehrern oder Gleichaltrigen kann dazu führen, dass sich eine kritische Selbststimme entwickelt.

2. **Selbstschutzmechanismus**: Aus evolutionärer Sicht hat der innere Kritiker die Aufgabe, uns vor Gefahren zu warnen und Fehltritte zu vermeiden.

Diese überkritische Stimme ist also ursprünglich ein Schutzmechanismus – heute jedoch oft ein Hindernis für persönliches Wachstum.

Fallstudie: Maria und ihr Weg zur Beruhigung des inneren Kritikers
Maria, eine 35-jährige Projektmanagerin, hatte seit Jahren das Gefühl, dass ihre Arbeit nie gut genug sei. Jedes Mal, wenn sie ein Projekt abschloss, überkam sie das Gefühl, dass etwas besser hätte sein können. Ihr innerer Kritiker sagte ihr oft: „Du hast nicht genug getan." Durch gezieltes Training lernte Maria, diese kritische Stimme zu identifizieren und bewusst mit ihr umzugehen. Sie entwickelte eine Technik, bei der sie die kritischen Gedanken durch bewusst positive Aussagen ersetzte und den Fokus auf ihre Fortschritte legte. Nach einigen Monaten spürte Maria, wie ihr Selbstvertrauen wuchs und der innere Kritiker leiser wurde.

Techniken, um den inneren Kritiker zu beruhigen
1. Den inneren Kritiker personifizieren
Die Methode, den inneren Kritiker zu „personifizieren", hilft uns, einen gesunden Abstand zu dieser kritischen Stimme zu entwickeln. Wenn wir ihn als eine eigenständige Figur betrachten, können wir ihn besser verstehen und ihm mit Mitgefühl begegnen.

Schritte zur Personifizierung des inneren Kritikers:
- **Visualisierung**: Schließe die Augen und stelle dir den inneren Kritiker als eine Figur vor. Gib ihm einen Namen und beschreibe, wie er aussieht.
- **Dialog**: Frage den Kritiker, warum er so streng zu dir ist und welche Sorgen er hat. Versuche, ihn zu

beruhigen, indem du ihm erklärst, dass du sein
Anliegen verstehst, aber dennoch deinen Weg
gehen wirst.

- **Mitgefühl entwickeln**: Beobachte, ob diese
  Methode dir hilft, den Kritiker als etwas Externes
  wahrzunehmen und weniger von seinen Worten
  beeinflusst zu werden.

2. Negative Glaubenssätze erkennen und auflösen

Hinter dem inneren Kritiker stehen oft tief verwurzelte
Glaubenssätze, die uns an uns zweifeln lassen. Diese
Glaubenssätze zu identifizieren und zu hinterfragen, kann
helfen, sie abzuschwächen und schließlich aufzulösen.

Schritte zur Arbeit mit negativen Glaubenssätzen:

- **Glaubenssatz notieren**: Sobald ein kritischer
  Gedanke auftaucht, notiere ihn und identifiziere
  den zugrunde liegenden Glaubenssatz. Frage dich:
  „Warum glaube ich das?"
- **Gegendarstellungen entwickeln**: Finde
  Gegenbeispiele, die den Glaubenssatz widerlegen.
  Wenn du z. B. denkst, „Ich bin nicht gut genug",
  finde Erlebnisse, in denen du Erfolg hattest.
- **Tägliche Affirmation als Gegengewicht**:
  Entwickle eine Affirmation, die den Glaubenssatz
  positiv umformuliert, z. B.: „Ich bin fähig und
  ausreichend." Wiederhole diese täglich, um dein
  Mindset langfristig zu stärken.

3. Positive Selbstgespräche kultivieren

Selbstgespräche sind die Grundlage unseres Selbstbildes.
Indem wir lernen, bewusst positiv und unterstützend mit
uns zu sprechen, können wir den inneren Kritiker

beruhigen und ein freundlicheres Verhältnis zu uns selbst entwickeln.

Schritte zur positiven Selbstgespräch-Praxis:
- **Kritische Gedanken notieren**: Notiere negative Aussagen, die der innere Kritiker über dich äußert. Formuliere diese Aussagen in freundliche, unterstützende Worte um.
- **Positive Mantras finden**: Wähle ein paar Sätze, die du regelmäßig zu dir selbst sagst, z. B.: „Ich tue mein Bestes, und das reicht aus."
- **Verankerung im Alltag**: Setze dir eine tägliche Erinnerung, um dir bewusst eine positive Bestärkung zu sagen. Diese Technik hilft, die Stimme des inneren Kritikers allmählich in den Hintergrund zu drängen.

Erweiterte Übung: 7-Tage-Dialog mit dem inneren Kritiker
Diese Übung hilft dir, den inneren Kritiker bewusster wahrzunehmen und ihm aktiv zu begegnen.
Tägliche Übungsschritte:
1. **Tag 1–3**: Notiere jedes Mal, wenn der innere Kritiker spricht. Halte die Worte und den Zeitpunkt fest.
2. **Tag 4–5**: Beginne einen Dialog mit deinem inneren Kritiker. Stelle ihm Fragen wie „Wovor möchtest du mich schützen?" oder „Warum bist du so streng?".
3. **Tag 6–7**: Entwickle eine positive Antwort, die du dem inneren Kritiker entgegenhalten kannst, z. B.: „Danke für deine Sorge, aber ich vertraue auf meine Fähigkeiten."

Wöchentliche Reflexion: Am Ende der Woche reflektiere, wie sich deine Einstellung und dein Selbstbewusstsein verändert haben. Notiere, welche Techniken dir am besten geholfen haben, den inneren Kritiker zu beruhigen.

Reflexionsfragen zum Umgang mit dem inneren Kritiker

- Welche Aussagen verwendet mein innerer Kritiker oft, und welche Gefühle lösen sie in mir aus?
- Welche Erfahrungen oder Prägungen könnten diese kritische Stimme geformt haben?
- Welche positiven Bestärkungen möchte ich mir stattdessen sagen?

Vertiefung: Weitere Fallbeispiele und Reflexion

Beispiel 1: Paul, ein 28-jähriger Musiker, litt oft unter Lampenfieber und Selbstzweifeln. Sein innerer Kritiker sagte ihm ständig, dass er nicht gut genug sei. Durch eine regelmäßige Dialogübung lernte Paul, diese kritische Stimme als eine Art „nervösen Begleiter" wahrzunehmen und bewusst mit ihm umzugehen. Nach einigen Monaten konnte er mit mehr Gelassenheit und Selbstvertrauen auftreten.

Beispiel 2: Sarah, eine 45-jährige Buchhalterin, stellte fest, dass sie sich nach jedem kleinen Fehler stark verurteilte. Sie begann, sich selbst täglich zu versichern, dass Fehler menschlich und Teil des Lernprozesses sind. Mit der Zeit entwickelte Sarah eine stärkere Selbstakzeptanz und fühlte sich weniger von der Kritik ihrer inneren Stimme beeinflusst.

Dieses Kapitel vermittelt dir wertvolle Techniken, um den inneren Kritiker zu beruhigen und stattdessen eine unterstützende innere Stimme zu entwickeln. Durch tägliche Praxis und bewusste Reflexion kannst du eine positivere Selbstwahrnehmung fördern und dich von unnötiger Selbstkritik befreien.

Kapitel 5: Die Kraft der Körperhaltung

Einführung
Unsere Körperhaltung hat einen tiefgreifenden Einfluss auf unsere Stimmung, unser Selbstbewusstsein und sogar auf unsere Hormone. Eine aufrechte Haltung strahlt Stärke und Selbstbewusstsein aus und kann sogar unsere Denkweise verändern. In diesem Kapitel lernst du, wie du durch bewusste Haltungsveränderungen deine Selbstwahrnehmung und dein Selbstbewusstsein stärken kannst.

Die Wissenschaft hinter Körperhaltung und Selbstbewusstsein
Studien zeigen, dass unsere Körperhaltung eine direkte Auswirkung auf unsere Hormone und Emotionen hat. Die sogenannte „Power-Pose"-Forschung von Amy Cuddy belegt, dass eine starke Haltung das Stresshormon Cortisol senkt und das Selbstbewusstsein steigert. Eine aufrechte Körperhaltung fördert die Ausschüttung von Hormonen wie Testosteron, was wiederum das Gefühl von Stärke und innerer Sicherheit erhöht.

Wissenschaftliche Perspektiven zur Körperhaltung:
1. **Der Einfluss von Haltung auf Emotionen**:
   Menschen, die in einer aufrechten Haltung sitzen

oder stehen, berichten von höherem Selbstbewusstsein und positiverer Stimmung.

2. **Psychosomatische Wechselwirkungen**: Körper und Geist sind eng miteinander verbunden. Wenn wir uns auf eine starke Haltung konzentrieren, wirkt sich dies positiv auf unser Denken und Fühlen aus.

Fallstudie: Tom und seine neue Haltung des Selbstvertrauens

Tom, ein 33-jähriger Versicherungskaufmann, hatte oft das Gefühl, dass er nicht ernst genommen wurde. Nach einem Workshop über Körpersprache begann er, bewusst an seiner Körperhaltung zu arbeiten. Anstatt mit hängenden Schultern und nach vorne geneigtem Kopf zu stehen, richtete er sich auf, hob den Kopf und nahm eine offene Haltung ein. Nach einigen Wochen bemerkte Tom, dass nicht nur sein Selbstbewusstsein, sondern auch die Reaktion seiner Kollegen positiver war. Tom wurde als kompetenter und selbstbewusster wahrgenommen und konnte auch innere Zweifel besser überwinden.

Techniken zur Verbesserung der Körperhaltung
1. Die Power-Pose praktizieren

Eine einfache, aber sehr wirkungsvolle Übung ist die „Power-Pose". Diese Haltung vermittelt dem Gehirn ein Gefühl der Stärke und hilft, die innere Haltung zu stärken.

Schritte zur Power-Pose:
- **Haltung einnehmen**: Stehe breitbeinig, nimm die Schultern zurück und halte den Kopf aufrecht.

- **Arme nach oben strecken**: Strecke die Arme zur Seite oder nach oben, um ein Gefühl von Weite zu schaffen.
- **Mindestens zwei Minuten halten**: Halte diese Pose für mindestens zwei Minuten und konzentriere dich auf das Gefühl von Kraft und Stabilität, das entsteht.

2. Körperbewusstsein entwickeln

Körperbewusstsein bedeutet, sich seiner Haltung im Alltag bewusst zu sein und negative Haltungen zu korrigieren. Diese Technik hilft, dauerhaft eine selbstbewusste Körperhaltung zu entwickeln.

Schritte zur Entwicklung des Körperbewusstseins:

1. **Achtsamkeit üben**: Setze dir im Alltag Erinnerungen, um deine Haltung zu überprüfen.
2. **Aufrecht und entspannt**: Richten deine Schultern zurück und atme tief ein. Lasse beim Ausatmen bewusst deine Schultern sinken.
3. **Regelmäßige Haltungs-Checks**: Führe diese Übung dreimal täglich durch, um dein Körperbewusstsein zu verbessern und deine Haltung nachhaltig zu stabilisieren.

3. Atemtechnik für eine entspannte Haltung

Die Atmung hat einen direkten Einfluss auf unsere Körperhaltung. Eine tiefe und ruhige Atmung entspannt die Muskulatur und fördert eine aufrechte Haltung.

Schritte zur Atemtechnik:

- **Bauchatmung einüben**: Atme langsam in den Bauch ein und lasse den Atem beim Ausatmen ruhig entweichen.

- **Schultern bewusst entspannen**: Achte darauf, dass sich die Schultern beim Ausatmen senken.
- **Täglich üben**: Setze dir das Ziel, diese Atemtechnik mindestens fünf Minuten täglich zu üben, um eine entspannte Haltung zu fördern.

Intensiv-Übung: 14-Tage-Körperhaltungs-Challenge
Diese Challenge unterstützt dich dabei, die Verbindung zwischen Körperhaltung und Selbstbewusstsein zu stärken und eine positive Körperhaltung zur Gewohnheit zu machen.

Tägliche Übungsschritte:
1. **Morgendliche Power-Pose**: Beginne jeden Tag mit der Power-Pose, um dein Selbstvertrauen zu aktivieren.
2. **Körperhaltung reflektieren**: Notiere dir am Abend, wie oft du im Alltag bewusst eine aufrechte Haltung eingenommen hast.
3. **Tägliche Reflexion**: Beobachte, wie sich deine Stimmung und dein Selbstbewusstsein im Laufe der zwei Wochen verändern.

Wöchentliche Reflexion: Reflektiere am Ende jeder Woche, wie die Übungen deine Selbstwahrnehmung und deine Stimmung beeinflusst haben. Notiere dir, welche Veränderungen du bemerkt hast und wie die neue Haltung dein Verhalten verändert.

Reflexionsfragen zur Körperhaltung
- Wie beeinflusst meine Körperhaltung mein Selbstbewusstsein und mein Auftreten?
- Wann neige ich dazu, meine Haltung zu vernachlässigen, und warum?

- Welche positiven Veränderungen bemerke ich, wenn ich bewusst auf meine Haltung achte?

Erweiterung durch weitere Fallbeispiele
Beispiel 1: Laura, eine 27-jährige Studentin, merkte, dass sie sich bei Vorträgen unsicher fühlte. Durch eine regelmäßige Power-Pose-Übung vor Präsentationen konnte sie ihre Nervosität reduzieren und mehr Selbstvertrauen entwickeln.
Beispiel 2: Felix, ein 40-jähriger Trainer, hatte lange Zeit mit Rückenproblemen zu kämpfen. Durch eine bewusste Haltung und regelmäßige Atemübungen verbesserte sich nicht nur sein Rücken, sondern auch sein Selbstbewusstsein im Umgang mit neuen Kunden.

Dieses Kapitel zeigt, wie wir durch gezielte Haltungstechniken unser Selbstbewusstsein stärken und unser Auftreten positiv beeinflussen können. Indem wir uns unserer Körperhaltung bewusst werden und sie aktiv verbessern, legen wir eine wichtige Grundlage für ein starkes Selbstbild.

Kapitel 6: Umgang mit Fehlern und Rückschlägen

Einführung
Fehler und Rückschläge gehören zum Leben und sind oft unsere besten Lehrmeister. Doch statt uns davon entmutigen zu lassen oder uns selbst zu verurteilen, können wir lernen, Fehler als wertvolle Gelegenheiten zur Weiterentwicklung zu betrachten. Dieses Kapitel zeigt dir, wie du den Umgang mit Fehlern und

Rückschlägen meistern kannst, um dein Selbstbewusstsein zu stärken und resilienter zu werden.

Die Psychologie des Scheiterns
Viele Menschen fürchten sich vor Fehlern, weil sie befürchten, als „Versager" angesehen zu werden. Doch die Wahrheit ist, dass Fehler und Rückschläge für unser Wachstum unerlässlich sind. Forscher der positiven Psychologie haben festgestellt, dass Menschen, die aus Fehlern lernen, emotional stabiler und widerstandsfähiger sind.

Psychologische Perspektive zum Thema Fehler:
1. **Fehler als Lernprozess**: Die Fähigkeit, aus Rückschlägen zu lernen, wird als Resilienz bezeichnet. Resilienz hilft uns, schwierige Situationen zu überwinden und aus ihnen gestärkt hervorzugehen.
2. **Das emotionale Erleben von Fehlern**: Fehler rufen oft Schuldgefühle und Enttäuschung hervor, die unser Selbstvertrauen untergraben können. Doch indem wir lernen, diese Emotionen zu verarbeiten und konstruktiv zu nutzen, können wir eine gesunde und positive Einstellung zu Fehlern entwickeln.

Fallstudie: Anna und die Kunst, Fehler zu akzeptieren
Anna, 29 Jahre alt und Marketingexpertin, hatte jahrelang mit Perfektionismus zu kämpfen. Jedes Mal, wenn sie einen Fehler machte, fühlte sie sich schlecht und hatte das Gefühl, „versagt" zu haben. Durch ein Coaching lernte Anna, ihre Fehler nicht als Versagen zu betrachten, sondern als Schritte auf dem Weg zum Erfolg. Sie

begann, nach jedem Fehler zu reflektieren, was sie daraus lernen konnte, und stellte fest, dass diese neue Einstellung ihr half, gelassener und selbstbewusster zu werden.

Techniken für den konstruktiven Umgang mit Fehlern
1. Fehleranalyse und Selbstreflexion
Anstatt Fehler einfach zu übersehen oder sich dafür zu verurteilen, hilft eine bewusste Reflexion, die Ursachen und Lektionen aus jedem Fehler zu erkennen. Diese Technik fördert eine konstruktive Einstellung gegenüber Rückschlägen.
Schritte zur Fehleranalyse:
- **Situation aufschreiben**: Notiere den Fehler und die Umstände, unter denen er passiert ist. Was war die Situation, und was genau ist schiefgelaufen?
- **Verantwortung übernehmen**: Überlege, welche Verantwortung du für den Fehler übernehmen kannst, ohne dich zu verurteilen. Es geht nicht um Selbstvorwürfe, sondern um einen ehrlichen Blick auf dein Handeln.
- **Lektion formulieren**: Finde eine Lektion, die du aus diesem Fehler ziehen kannst. Frage dich: „Was kann ich beim nächsten Mal anders machen?"

2. Selbstvergebung und Mitgefühl
Selbstvergebung ist entscheidend, um sich von der Last der Schuld zu befreien und einen positiven Umgang mit Fehlern zu entwickeln. Durch Mitgefühl können wir die Fehler loslassen und gestärkt daraus hervorgehen.

Schritte zur Selbstvergebung:
- **Schuldgefühle erkennen**: Nimm dir einen Moment Zeit, um deine Gefühle zu beobachten, wenn du an einen Fehler denkst. Erkenne, dass diese Gefühle natürlich sind, aber dass sie dich nicht definieren.
- **Selbstunterstützung formulieren**: Sprich zu dir selbst, als würdest du mit einem Freund sprechen, der einen Fehler gemacht hat. Sage dir z. B.: „Es ist okay, Fehler zu machen. Ich lerne daraus und mache es nächstes Mal besser."
- **Mitgefühlspraxis**: Lege deine Hand auf dein Herz und wiederhole Sätze wie „Ich vergebe mir selbst" oder „Ich bin geduldig mit mir." Diese Sätze können helfen, die Scham loszulassen und dich zu beruhigen.

3. Fehler als Indikatoren für Fortschritt betrachten

Fehler sind keine Zeichen des Versagens, sondern Indikatoren dafür, dass du Neues ausprobierst und wächst. Diese Perspektive hilft, Fehler als Teil des Lernprozesses zu akzeptieren.

Schritte zur Fortschrittsbetrachtung:
1. **Fehler als Fortschritt markieren**: Mache dir bewusst, dass jeder Fehler ein Zeichen dafür ist, dass du aus deiner Komfortzone trittst und Neues lernst.
2. **Erfolge in kleinen Schritten erkennen**: Notiere jeden kleinen Erfolg oder jede Erkenntnis, die du aus Fehlern gewonnen hast.
3. **Positiver Umgang mit Fehlern im Alltag**: Wenn ein Fehler passiert, erinnere dich daran, dass du

auf dem richtigen Weg bist. Sage dir: „Dieser Fehler zeigt mir, dass ich wachse und Neues lerne."

Erweiterte Übung: Fehler-Tagebuch für 30 Tage
Ein Fehler-Tagebuch kann dir helfen, deine Fortschritte im Umgang mit Fehlern zu dokumentieren und die Lektionen daraus zu reflektieren.

Tägliche Übungsschritte:
1. **Fehler aufschreiben**: Notiere jeden Tag mindestens einen kleinen oder großen Fehler.
2. **Selbstreflexion hinzufügen**: Finde für jeden Fehler eine positive Lektion oder eine Erkenntnis.
3. **Wöchentliche Reflexion**: Lies am Ende jeder Woche deine Einträge durch und reflektiere, wie sich deine Einstellung zu Fehlern und dein Selbstvertrauen verändert haben.

Monatliche Reflexion: Am Ende des Monats reflektiere, was du aus dem Fehler-Tagebuch gelernt hast und wie sich deine Einstellung zu Fehlern verändert hat. Welche Fortschritte hast du gemacht?

Reflexionsfragen zum Umgang mit Fehlern
- Welche Emotionen empfinde ich, wenn ich einen Fehler mache, und warum?
- Wie gehe ich normalerweise mit Fehlern um, und welche alternative Denkweise könnte mir helfen?
- Wann haben mir Fehler geholfen, mich weiterzuentwickeln oder eine neue Fähigkeit zu erlernen?

Vertiefung: Weitere Fallbeispiele und Reflexion

Beispiel 1: Laura, eine 31-jährige Anwältin, hat lange Zeit an Perfektionismus gelitten. Durch die Übung des Selbstmitgefühls lernte sie, sich nach Fehlern weniger streng zu beurteilen. Diese Veränderung machte sie gelassener und ermöglichte ihr, Risiken einzugehen, ohne Angst vor Fehlern zu haben.

Beispiel 2: Oliver, ein 42-jähriger Koch, musste sich nach einem gescheiterten Restaurantprojekt neu orientieren. Er begann, seine Fehler zu analysieren und nutzte diese Erkenntnisse, um bei seinem nächsten Projekt erfolgreich zu sein. Oliver erkannte, dass seine Fehler ihn stärker gemacht hatten.

Dieses Kapitel lehrt, dass Fehler unvermeidbar und wertvoll sind. Durch eine konstruktive Herangehensweise an Fehler können wir unser Selbstbewusstsein stärken und ein wachsendes Gefühl der Resilienz und Selbstakzeptanz entwickeln.

Kapitel 7: Selbstvertrauen durch Wissen

Einführung

Wissen ist eine der wertvollsten Ressourcen, um Selbstvertrauen aufzubauen. Wenn wir neue Fähigkeiten und Kenntnisse erwerben, gewinnen wir die Sicherheit, Herausforderungen erfolgreich zu meistern. Ein kontinuierlicher Lernprozess fördert nicht nur das Selbstbewusstsein, sondern erweitert auch unsere Denkweise und macht uns offener für Veränderungen und Wachstum. In diesem Kapitel lernst du, wie du durch gezielten Wissenserwerb dein Selbstbewusstsein stärkst.

Die Bedeutung des lebenslangen Lernens für das Selbstbewusstsein

Lebenslanges Lernen hält uns geistig flexibel und gibt uns das Gefühl, uns weiterzuentwickeln. Jeder neue Lernfortschritt ist ein Baustein für unser Selbstbewusstsein, da er uns zeigt, dass wir in der Lage sind, etwas Neues zu verstehen und anzuwenden.

Psychologische Vorteile des Wissenserwerbs:
1. **Steigerung der Selbstwirksamkeit**: Jedes Mal, wenn wir ein neues Konzept lernen oder eine Fähigkeit verbessern, steigt unser Vertrauen in unsere Fähigkeiten.
2. **Resilienz durch Wissen**: Wissen gibt uns das Gefühl, vorbereitet zu sein und auch in ungewissen Situationen sicher agieren zu können.

Fallstudie: Lena und ihre Reise zum Selbstvertrauen durch Bildung

Lena, 27 Jahre alt und Physiotherapeutin, hatte oft das Gefühl, ihren Patienten nicht genug helfen zu können. Durch eine Fortbildung in neuen Therapietechniken und kontinuierliche Weiterbildung gewann sie nicht nur mehr Vertrauen in ihre beruflichen Fähigkeiten, sondern auch in sich selbst. Mit jedem Kurs, den sie abschloss, stieg ihr Selbstbewusstsein, und ihre Patienten profitierten von ihrem Wissen und ihrer Kompetenz.

Techniken zur Förderung von Wissen und Kompetenz
1. Wöchentliche Lernziele setzen

Das Setzen von kleinen Lernzielen für jede Woche hilft, kontinuierlich Wissen aufzubauen und motiviert zu bleiben. Kleine, erreichbare Ziele schaffen schnelle Erfolge und machen das Lernen zur Gewohnheit.

Schritte zur Wochenplanung für Lernziele:
- **Thema auswählen**: Wähle jede Woche ein Thema, das du vertiefen möchtest.
- **Zeit einplanen**: Plane tägliche Lerneinheiten von 15–30 Minuten ein.
- **Fortschritte dokumentieren**: Notiere jeden Tag deine Erkenntnisse und beobachte, wie sich dein Wissen und Selbstvertrauen entwickeln.

2. Wissen festigen durch Anwendung und Lehren
Das Gelernte mit anderen zu teilen oder anzuwenden hilft, das Wissen zu verinnerlichen und Vertrauen in die eigenen Fähigkeiten zu entwickeln.
Schritte zur Anwendung und Weitergabe des Wissens:
1. **Wissen teilen**: Erkläre das, was du gelernt hast, einer anderen Person, oder schreibe eine Zusammenfassung.
2. **Anwendung suchen**: Nutze jede Gelegenheit, das Gelernte in der Praxis anzuwenden.
3. **Reflexion nach der Anwendung**: Reflektiere, wie die Anwendung dir geholfen hat, das Wissen zu vertiefen und Vertrauen zu gewinnen.

3. Kontinuierliches Wissenserwerbs-Journal
Ein Wissenserwerbs-Journal hilft, den Fortschritt zu dokumentieren und motiviert zu bleiben. Durch das Aufschreiben der Lernfortschritte erhältst du eine Übersicht über deine Fortschritte und Erfolge.
Schritte zur Journaling-Praxis:

- **Tägliche Lernfortschritte notieren**: Schreibe jeden Tag mindestens eine Erkenntnis oder einen neuen Lernfortschritt auf.
- **Wöchentliche Reflexion**: Reflektiere am Ende jeder Woche, wie das Wissen dich weitergebracht hat.
- **Monatliche Rückschau**: Lies am Ende des Monats deine Einträge durch und beobachte, wie sich dein Selbstvertrauen entwickelt hat.

Intensiv-Übung: Einmonatiges Lernprojekt
Diese Übung hilft dir, ein größeres Thema oder eine neue Fähigkeit innerhalb eines Monats systematisch zu lernen und dein Selbstvertrauen zu stärken.

Schritte zum Lernprojekt:
1. **Zielthema definieren**: Wähle ein Thema, das du in einem Monat vertiefen möchtest.
2. **Wochenziele setzen**: Erstelle für jede Woche ein spezifisches Lernziel.
3. **Tägliche Lernpraxis**: Nimm dir täglich Zeit für das Lernprojekt und dokumentiere deine Fortschritte.
4. **Reflexion am Monatsende**: Am Monatsende reflektiere, was du gelernt hast und wie sich dein Selbstvertrauen entwickelt hat.

Reflexionsfragen zum Thema Wissen und Lernen
- Welche neuen Fähigkeiten oder Kenntnisse möchte ich in den nächsten Monaten entwickeln?
- Welche Themen oder Fähigkeiten haben mein Selbstbewusstsein in der Vergangenheit gestärkt?

- Welche Lernmethoden helfen mir am besten, das Wissen zu vertiefen und anzuwenden?

Vertiefung: Weitere Fallbeispiele und Reflexion
Beispiel 1: Ben, ein 32-jähriger Lehrer, entschied sich, seine Unterrichtskompetenzen durch neue Lehrmethoden zu erweitern. Er stellte fest, dass seine neu erworbenen Fähigkeiten nicht nur sein Selbstvertrauen stärkten, sondern auch seine Unterrichtsqualität verbesserten.
Beispiel 2: Clara, eine 40-jährige Architektin, hatte das Bedürfnis, ihre technische Expertise zu erweitern. Durch einen Online-Kurs gewann sie neues Wissen und Selbstvertrauen, das ihr half, anspruchsvolle Projekte mit Zuversicht anzugehen.

Dieses Kapitel zeigt, wie lebenslanges Lernen das Selbstvertrauen nachhaltig stärken kann. Jeder Lernfortschritt ist eine Gelegenheit, das eigene Wissen zu erweitern und die innere Stärke zu entwickeln, Herausforderungen selbstbewusst anzugehen.

Kapitel 8: Die Macht der Sprache

Einführung
Sprache ist ein mächtiges Werkzeug, das unsere Gedanken, Gefühle und letztlich unser Selbstbewusstsein formt. Die Art und Weise, wie wir über uns selbst und unsere Umgebung sprechen, beeinflusst direkt unsere Wahrnehmung und unser Verhalten. Durch bewusste Wortwahl und innere Dialoge können wir lernen, eine positive innere Stimme zu entwickeln, die unser Selbstvertrauen stärkt. Dieses Kapitel zeigt dir, wie du

die Kraft der Sprache nutzen kannst, um dein Selbstbild zu verbessern und deine Ziele mit mehr Selbstsicherheit zu verfolgen.

Die Psychologie der Sprache und des Selbstbildes
Die Worte, die wir wählen, haben einen tiefgreifenden Einfluss auf unser Unterbewusstsein. Studien zur Sprache und Psychologie zeigen, dass negative oder wertende Worte unser Selbstwertgefühl senken, während positive Sprache und Affirmationen das Selbstbewusstsein steigern. Der Grund liegt darin, dass unser Gehirn auf Worte reagiert, als wären sie Realität. Wenn wir uns selbst als „nicht gut genug" bezeichnen, fühlt sich unser Gehirn tatsächlich minderwertig. Bewusste, positive Selbstgespräche hingegen können helfen, das Selbstbild langfristig zu stärken.

Wissenschaftliche Perspektiven zur Sprache:
1. **Innere Selbstgespräche**: Die Art und Weise, wie wir innerlich mit uns sprechen, beeinflusst unsere emotionale Verfassung. Positive Selbstgespräche fördern das Selbstvertrauen und mindern Stress.
2. **Affirmationen und Glaubenssätze**: Affirmationen sind gezielte, positive Aussagen, die das Selbstwertgefühl steigern und helfen, negative Glaubenssätze aufzulösen.

Fallstudie: Sarah und die Umwandlung negativer Selbstgespräche
Sarah, 30 Jahre alt und Ingenieurin, hatte oft das Gefühl, dass sie in ihrem Job nicht gut genug sei. Ihre inneren Selbstgespräche waren voller Zweifel und Unsicherheiten. Sie dachte oft: „Das schaffe ich nie" oder

„Andere sind besser als ich." Nach einer Schulung zur positiven Selbstkommunikation lernte Sarah, bewusst ihre inneren Gespräche zu beobachten und negative Aussagen in unterstützende Sätze umzuwandeln. Nach einigen Monaten spürte sie eine deutliche Veränderung in ihrem Selbstvertrauen und ihrem beruflichen Auftreten.

Techniken zur Verbesserung der Sprache
1. Affirmationen zur Stärkung des Selbstbewusstseins
Affirmationen sind kraftvolle Werkzeuge, die unser Unterbewusstsein mit positiven Überzeugungen füttern. Sie helfen, das eigene Selbstbild zu stärken und negative Gedankenmuster zu überschreiben.

Schritte zur Affirmationspraxis:
- **Positive Sätze entwickeln**: Formuliere drei Sätze, die dich positiv bestärken, z. B. „Ich vertraue auf meine Fähigkeiten" oder „Ich bin stark und mutig."
- **Tägliches Wiederholen**: Wiederhole die Affirmationen jeden Morgen und Abend laut vor dem Spiegel.
- **Visualisierung hinzufügen**: Stelle dir beim Wiederholen der Affirmationen vor, wie du dich in einer selbstbewussten Situation fühlst.

Langfristige Wirkung: Durch das tägliche Praktizieren von Affirmationen wird das Selbstbewusstsein allmählich gestärkt und negative Überzeugungen verlieren an Kraft.

2. Negative Selbstgespräche erkennen und umformulieren
Negative Selbstgespräche sind oft unbewusst und laufen wie ein automatisches Programm ab. Indem wir diese

bewusster wahrnehmen und gezielt umwandeln, können wir eine positive und unterstützende innere Stimme entwickeln.

Schritte zur Umformulierung:
- **Negative Gedanken notieren**: Notiere jeden negativen Gedanken, der dir im Laufe des Tages auffällt.
- **Hinterfragen und umwandeln**: Frage dich bei jedem negativen Gedanken: „Ist das wirklich wahr?" und „Wie könnte ich das positiver formulieren?"
- **Neue Aussagen integrieren**: Formuliere die Gedanken so um, dass sie dich unterstützen. Aus „Ich kann das nicht" wird „Ich lerne und gebe mein Bestes."

Beispiel für die Umformulierung: Statt „Ich bin nicht gut genug" könntest du sagen: „Ich bin genug und wachse jeden Tag."

3. Dankbarkeit für sich selbst ausdrücken

Die Praxis der Dankbarkeit fördert ein positives Selbstbild und hilft, sich selbst wertzuschätzen. Indem wir bewusst Dankbarkeit für unsere Fähigkeiten, Eigenschaften und Erfolge ausdrücken, steigern wir das Gefühl des Selbstwerts.

Schritte zur Dankbarkeits-Praxis:
- **Tägliche Selbstreflexion**: Notiere jeden Abend eine Sache, für die du dir selbst dankbar bist. Dies kann ein persönlicher Erfolg oder eine positive Eigenschaft sein.

- **Dankbarkeitsritual**: Schließe jeden Tag mit einem kurzen Dankbarkeitsritual ab, in dem du dir für deine Bemühungen und Erfolge dankst.
- **Langfristige Reflexion**: Lies dir nach einem Monat deine Einträge durch und beobachte, wie dein Selbstbild und dein Selbstbewusstsein gewachsen sind.

Erweiterte Übung: 14-Tage-Sprach-Detox

Der Sprach-Detox hilft dir, negative Selbstgespräche und unbewusste Glaubenssätze aufzudecken und sie durch eine positive innere Stimme zu ersetzen.

Tägliche Übungsschritte:

1. **Negative Gedanken erkennen**: Achte bewusst auf jede negative Aussage, die du über dich selbst machst, und schreibe sie auf.
2. **Umformulierung**: Wandle jeden dieser Gedanken in eine positive, unterstützende Aussage um.
3. **Affirmation des Tages**: Wähle täglich eine Affirmation und wiederhole sie mehrmals im Laufe des Tages.

Wöchentliche Reflexion: Am Ende jeder Woche schreibe auf, welche Veränderungen du in deiner Selbstwahrnehmung und deinem inneren Dialog bemerkt hast. Notiere dir die positivsten Veränderungen und setze dir neue Ziele für die folgende Woche.

Reflexionsfragen zur Sprache und Selbstkommunikation

- Welche Worte verwende ich häufig, um mich selbst zu beschreiben? Sind sie positiv oder negativ?

- Wann haben positive Selbstgespräche mein Verhalten oder meine Gefühle verändert?
- Welche negativen Überzeugungen möchte ich durch positive, unterstützende Aussagen ersetzen?

Vertiefung: Weitere Fallbeispiele und Reflexion
Beispiel 1: Markus, 34 Jahre alt, litt unter Selbstzweifeln und sprach oft abwertend über seine Fähigkeiten. Durch eine wöchentliche Affirmationspraxis lernte er, sich selbst mit mehr Respekt und Wertschätzung zu begegnen. Sein Selbstbewusstsein stieg und seine innere Stimme wurde deutlich positiver.
Beispiel 2: Sabine, eine 40-jährige Ärztin, stellte fest, dass sie sich in stressigen Momenten oft negativ bewertete. Durch tägliches Journaling und das bewusste Umformulieren negativer Gedanken entwickelte sie eine unterstützende innere Stimme, die sie durch herausfordernde Situationen führte.

Dieses Kapitel zeigt dir, wie kraftvoll Sprache ist und wie du durch gezielte Selbstgespräche, Affirmationen und Dankbarkeit dein Selbstbewusstsein stärken kannst. Die bewusste Gestaltung deiner Sprache schafft eine positive und motivierende Grundlage für ein starkes Selbstbild.

Kapitel 9: Selbstfürsorge als Basis für innere Stärke

Einführung
Selbstfürsorge ist der Ausdruck von Selbstachtung und ein Grundpfeiler für ein gesundes Selbstbewusstsein. Sie umfasst körperliche, emotionale und mentale Aspekte und bedeutet, auf die eigenen Bedürfnisse zu achten und

sich selbst mit Fürsorge zu begegnen. Selbstfürsorge ist nicht egoistisch, sondern notwendig, um innerlich stabil und stark zu sein. In diesem Kapitel lernst du, wie du durch regelmäßige Selbstfürsorge deine innere Stärke aufbauen und pflegen kannst.

Die Bedeutung von Selbstfürsorge für das Selbstbewusstsein
Selbstfürsorge zeigt uns, dass wir wertvoll sind und gut für uns sorgen dürfen. Menschen, die regelmäßig Selbstfürsorge praktizieren, berichten von höherer Resilienz und emotionaler Stabilität. Sie haben ein stärkeres Selbstwertgefühl und können Herausforderungen entspannter begegnen.

Psychologische Perspektive zur Selbstfürsorge:
1. **Selbstrespekt und Selbstachtung**: Selbstfürsorge zeigt unserem Unterbewusstsein, dass wir es wert sind, auf uns zu achten. Sie fördert eine positive Beziehung zu uns selbst.
2. **Körperliche und emotionale Ausgeglichenheit**: Ein gesunder Körper und ein ruhiger Geist sind die Grundlage für ein starkes Selbstbewusstsein.

Fallstudie: Thomas und sein Selbstfürsorge-Plan
Thomas, ein 39-jähriger Unternehmensberater, lebte jahrelang in einem hohen Stressniveau und fühlte sich zunehmend erschöpft. Seine Selbstfürsorge beschränkte sich auf gelegentliche Urlaube, die jedoch keine nachhaltige Wirkung hatten. Als er begann, einen täglichen Selbstfürsorge-Plan zu entwickeln, der kleine Aktivitäten wie kurze Spaziergänge, Meditation und Journaling umfasste, bemerkte er nach wenigen Wochen

eine deutliche Verbesserung seiner Energie und seiner emotionalen Stabilität. Seine innere Stärke wuchs, und er konnte stressigen Situationen gelassener begegnen.

Techniken zur Förderung von Selbstfürsorge
1. Tägliche Selbstfürsorge-Rituale
Kleine tägliche Rituale sind eine einfache Möglichkeit, Selbstfürsorge im Alltag zu praktizieren und sich regelmäßig etwas Gutes zu tun.
Schritte zur Einrichtung eines Selbstfürsorge-Rituals:
- **Aktivität auswählen**: Wähle eine kleine Aktivität, die dir guttut, wie z. B. einen kurzen Spaziergang, eine Tasse Tee in Ruhe trinken oder fünf Minuten Atemübungen.
- **Zeit einplanen**: Setze eine feste Zeit am Tag für dein Selbstfürsorge-Ritual, z. B. am Morgen oder am Abend.
- **Regelmäßigkeit wahren**: Führe das Ritual täglich durch, um die positiven Effekte langfristig zu erleben.

2. Bedürfnisse bewusst wahrnehmen und erfüllen
Ein wichtiger Teil der Selbstfürsorge ist es, die eigenen Bedürfnisse zu erkennen und ernst zu nehmen. Diese Technik hilft, sich selbst besser zu verstehen und gezielt auf die eigenen Bedürfnisse einzugehen.

Schritte zur Bedürfniserkennung:
1. **Tägliche Reflexion**: Frage dich jeden Morgen: „Was brauche ich heute, um mich wohlzufühlen?"
2. **Zeit für die Bedürfnisse einplanen**: Plane Aktivitäten ein, die diese Bedürfnisse erfüllen,

wie z. B. Ruhe, Bewegung oder Kontakt zu Freunden.
3. **Abendliche Selbstreflexion**: Notiere am Abend, wie gut du deine Bedürfnisse erfüllt hast und was dir dabei geholfen hat.

3. Gesunde Grenzen setzen

Grenzen zu setzen ist eine wesentliche Praxis der Selbstfürsorge. Sie schützt deine Zeit und Energie und sorgt dafür, dass du deine eigenen Bedürfnisse respektierst.

Schritte zur Grenzsetzung:
- **Erkenne deine persönlichen Grenzen**: Überlege, in welchen Situationen du deine Grenzen oft übergehst.
- **Kommunikation von Grenzen**: Lerne, klare und respektvolle „Nein"-Aussagen zu formulieren, ohne Schuldgefühle zu empfinden.
- **Zeit für dich selbst reservieren**: Blockiere regelmäßig Zeit nur für dich, um sicherzustellen, dass deine eigenen Bedürfnisse nicht zu kurz kommen.

Intensiv-Übung: Eine Woche Selbstfürsorge

Diese Übung hilft dir, die Praxis der Selbstfürsorge in deinem Alltag zu festigen und langfristig als Gewohnheit zu etablieren.

Tägliche Übungsschritte:
1. **Morgendliche Bedürfnisse reflektieren**: Frage dich jeden Morgen, was du heute für dein Wohlbefinden tun kannst.

2. **Selbstfürsorge-Ritual einplanen**: Führe täglich eine kleine Selbstfürsorge-Aktivität durch, die dir Freude bereitet.
3. **Abendliche Selbstreflexion**: Reflektiere am Abend, wie die Selbstfürsorge dich emotional und körperlich beeinflusst hat.

Wöchentliche Reflexion: Am Ende der Woche schreibe auf, wie sich die Selbstfürsorge auf dein Selbstbewusstsein und dein Wohlbefinden ausgewirkt hat. Notiere dir, welche Rituale und Aktivitäten du beibehalten möchtest.

Reflexionsfragen zur Selbstfürsorge

- Wann habe ich zuletzt bewusst auf meine eigenen Bedürfnisse geachtet?
- Welche Selbstfürsorge-Aktivitäten bereichern mich, und wie kann ich sie regelmäßig in meinen Alltag einbauen?
- Welche Grenzen kann ich setzen, um besser für mich selbst zu sorgen?

Vertiefung: Weitere Fallbeispiele und Reflexion

Beispiel 1: Elena, 32, stellte fest, dass sie oft bis spätabends arbeitete und ihre eigenen Bedürfnisse vernachlässigte. Durch die Einführung eines abendlichen Selbstfürsorge-Rituals lernte sie, ihre Grenzen besser zu respektieren und sich ausreichend Erholung zu gönnen.
Beispiel 2: Max, 45, begann mit einer wöchentlichen Yoga-Praxis und stellte fest, dass er sich emotional stabiler und körperlich fitter fühlte. Diese regelmäßige Selbstfürsorge half ihm, auch in stressigen Zeiten ruhig zu bleiben.

Dieses Kapitel zeigt dir, wie wichtig Selbstfürsorge ist und wie du durch regelmäßige Selbstfürsorge-Rituale, die Erfüllung deiner Bedürfnisse und das Setzen gesunder Grenzen innere Stärke aufbauen kannst. Sie schafft eine stabile Grundlage für Selbstbewusstsein und Wohlbefinden.

Kapitel 10: Deine Komfortzone erweitern

Einführung

Unsere Komfortzone ist der Bereich, in dem wir uns sicher und wohl fühlen. Doch persönliches Wachstum findet oft außerhalb dieser Zone statt. Indem wir uns neuen Herausforderungen stellen, erweitern wir nicht nur unsere Komfortzone, sondern gewinnen auch an Selbstbewusstsein und Flexibilität. Dieses Kapitel zeigt dir, wie du durch kleine und große Schritte deine Komfortzone bewusst erweitern kannst, um dein Potenzial zu entfalten und ein starkes Selbstbewusstsein aufzubauen.

Die Psychologie der Komfortzone und des Wachstums

Die Komfortzone gibt uns Sicherheit und Stabilität. Doch wenn wir uns nur innerhalb dieses Bereichs bewegen, verhindern wir oft, dass wir uns weiterentwickeln und neue Fähigkeiten erlangen. Psychologen haben herausgefunden, dass regelmäßiges Verlassen der Komfortzone die Resilienz fördert und uns auf lange Sicht mehr Vertrauen in unsere Fähigkeiten gibt.

Psychologische Perspektive zur Komfortzone:

1. **Das Lernen und Wachstumsprinzip**: Herausforderungen und neue Erfahrungen

aktivieren unser Gehirn und fördern die Ausschüttung von Dopamin, dem „Motivationshormon".

2. **Die Bedeutung kleiner Schritte**: Statt die Komfortzone abrupt zu verlassen, hilft es, Schritt für Schritt vorzugehen. So kann das Gehirn sich an das Gefühl von Unsicherheit gewöhnen, ohne überfordert zu werden.

Fallstudie: Eva und ihr Weg aus der Komfortzone
Eva, eine 27-jährige Grafikdesignerin, hatte große Schwierigkeiten, auf neue Leute zuzugehen. Dies führte dazu, dass sie beruflich häufig Möglichkeiten verpasste. Sie entschied sich, ihre Komfortzone zu erweitern, indem sie sich vornahm, jede Woche ein neues Gespräch zu beginnen – sei es mit Kollegen, Kunden oder Fremden. Anfangs fühlte sie sich unsicher, aber nach einigen Wochen wurde es für sie immer leichter. Schließlich konnte sie sogar ein großes Projekt erfolgreich präsentieren und fühlte sich beruflich selbstsicherer als je zuvor.

Techniken zur Erweiterung der Komfortzone
1. Schrittweise Herausforderungen setzen
Anstatt direkt große Herausforderungen anzugehen, kannst du dir kleine, erreichbare Ziele setzen. So kannst du dich langsam an das Gefühl gewöhnen, die Komfortzone zu verlassen, ohne überfordert zu sein.

Schritte zur schrittweisen Komfortzonenerweiterung:
- **Kleine Schritte definieren**: Wähle eine Aktivität, die dich etwas außerhalb deiner Komfortzone bringt, z. B. ein Gespräch mit einer fremden

Person oder das Ausprobieren eines neuen Hobbys.

- **Tägliche Praxis**: Setze dir täglich eine kleine Herausforderung, die dich ein Stück weit aus der Komfortzone bringt.
- **Fortschritte notieren**: Beobachte und dokumentiere, wie du dich bei jeder Herausforderung fühlst und wie sich dein Selbstvertrauen entwickelt.

Langfristige Wirkung: Durch regelmäßige kleine Herausforderungen wird das Verlassen der Komfortzone zur Gewohnheit und stärkt dein Selbstbewusstsein.

2. Visualisierung zur Komfortzonenerweiterung

Visualisierung kann dir helfen, dich mental auf das Verlassen der Komfortzone vorzubereiten. Indem du dir vorstellst, wie du eine herausfordernde Situation meisterst, stärkst du dein Vertrauen in deine Fähigkeiten.

Schritte zur Visualisierungsübung:

- **Ziel definieren**: Wähle eine Situation, in der du deine Komfortzone erweitern möchtest, z. B. einen Vortrag halten oder auf einer Veranstaltung mit neuen Menschen sprechen.
- **Lebendige Vorstellungskraft einsetzen**: Schließe die Augen und stelle dir die Situation vor. Achte auf die Umgebung, die Menschen, die du siehst, und wie du dich dabei fühlst.
- **Erfolgreiches Ergebnis visualisieren**: Stelle dir vor, wie du die Situation meisterst und dich danach zufrieden und selbstbewusst fühlst.

Regelmäßige Praxis: Diese Visualisierungsübung hilft, das Verlassen der Komfortzone mental vorzubereiten und die Situation als machbar zu empfinden.

3. Positive Erfahrungen festhalten

Es ist wichtig, Erfolge und positive Erfahrungen beim Verlassen der Komfortzone zu dokumentieren. So kannst du deine Fortschritte verfolgen und dich in schwierigen Momenten an deine Erfolge erinnern.

Schritte zur Erfolgserfassung:
1. **Erfolgsjournal führen**: Notiere nach jeder Herausforderung, was gut gelaufen ist und wie du dich gefühlt hast.
2. **Wöchentliche Reflexion**: Am Ende jeder Woche lies dir deine Einträge durch und beobachte, wie sich deine Einstellung und dein Selbstvertrauen verändert haben.
3. **Feiern der Erfolge**: Belohne dich bewusst für jeden Schritt aus der Komfortzone, sei es durch eine kleine Pause, eine Belohnung oder einfach Anerkennung deiner selbst.

Intensiv-Übung: Monatsprojekt „Komfortzone erweitern"

Dieses Monatsprojekt hilft dir, systematisch deine Komfortzone zu erweitern und dein Selbstvertrauen Schritt für Schritt zu stärken.

Übungsschritte:
1. **Wöchentliches Ziel setzen**: Definiere für jede Woche eine neue Herausforderung, die dich aus der Komfortzone bringt.

2. **Tägliche Herausforderungen suchen**: Suche täglich kleine Gelegenheiten, um deine Komfortzone ein Stück zu erweitern, z. B. durch das Aufsuchen neuer Orte oder das Ansprechen neuer Leute.
3. **Wöchentliche Reflexion und Anpassung**: Am Ende jeder Woche reflektiere, was gut gelaufen ist und was du noch verbessern möchtest. Setze dir für die folgende Woche neue Ziele.

Monatsende-Reflexion: Am Monatsende lies dir deine Fortschritte durch und reflektiere, wie das Verlassen der Komfortzone deine Sichtweise verändert hat. Notiere, welche positiven Erfahrungen du gesammelt hast und wie du deine Komfortzone in Zukunft weiter ausbauen möchtest.

Reflexionsfragen zur Komfortzonenerweiterung

- Welche Aktivitäten oder Situationen meide ich aufgrund von Unsicherheiten?
- Welche Herausforderungen oder Veränderungen wünsche ich mir, die außerhalb meiner Komfortzone liegen?
- Welche positiven Erlebnisse und Fortschritte bemerke ich, wenn ich regelmäßig meine Komfortzone verlasse?

Vertiefung: Weitere Fallbeispiele und Reflexion

Beispiel 1: Leon, ein 38-jähriger Trainer, hatte immer Angst vor großen Gruppen zu sprechen. Durch gezielte kleine Herausforderungen, wie das Halten von Präsentationen vor Kollegen, wurde er sicherer und begann schließlich, auch vor größeren Gruppen zu sprechen.

Beispiel 2: Julia, eine 34-jährige Sozialarbeiterin, fühlte sich unwohl, wenn sie neue Menschen kennenlernen musste. Durch regelmäßiges Ansprechen von neuen Leuten baute sie langsam Selbstvertrauen auf und wurde schließlich eine der aktivsten Mitglieder in einem sozialen Netzwerk.

Dieses Kapitel hilft dir, deine Komfortzone bewusst zu erweitern und das Vertrauen in deine Fähigkeiten durch regelmäßige kleine Schritte zu stärken. Indem du dich regelmäßig neuen Herausforderungen stellst, gewinnst du an Selbstvertrauen und lernst, deine Komfortzone flexibel zu gestalten.

<u>Abschlusswort</u>

Herzlichen Glückwunsch, dass du diese Reise zu einem gestärkten Selbstbewusstsein und einem positiven Mindset angetreten hast! Du hast dich darauf eingelassen, neue Perspektiven zu gewinnen und an dir selbst zu arbeiten – ein mutiger Schritt, der tiefen Respekt verdient. Dein Einsatz und dein Engagement für dich selbst sind der Schlüssel zu langfristiger persönlicher Veränderung.

In den Kapiteln dieses Buches hast du eine Vielzahl von Werkzeugen, Übungen und Reflexionen kennengelernt, die dich dabei unterstützen, deine innere Stärke aufzubauen und dich in deiner Einzigartigkeit anzunehmen. Doch der wahre Wert dieser Reise liegt darin, diese neuen Denkweisen und Praktiken in dein tägliches Leben zu integrieren. Sie sind wie Samenkörner, die du in dein Bewusstsein gepflanzt hast – und mit der richtigen Pflege und Aufmerksamkeit werden sie wachsen und gedeihen.

Rückblick auf das Erlernte

Die Entwicklung eines starken und positiven Mindsets beginnt mit der Kunst des positiven Denkens. Positives Denken ist nicht einfach nur „optimistisch sein"; es ist die bewusste Wahl, die konstruktive Seite jeder Situation zu sehen, Lösungen zu suchen und sich auf das zu konzentrieren, was wirklich wichtig ist. Die Fähigkeit, unsere Gedanken zu reflektieren und bewusst zu gestalten, ist die Basis eines erfüllten und selbstbewussten Lebens.

Du hast auch den inneren Kritiker kennengelernt – diese oft strenge Stimme, die uns immer wieder an unseren Fähigkeiten zweifeln lässt. Statt sie zu unterdrücken oder zu ignorieren, hast du Methoden entwickelt, um mit ihr in einen Dialog zu treten und ihre Ursprünge zu verstehen. Der innere Kritiker ist oft ein Spiegelbild vergangener Erfahrungen und Ängste, die wir in uns tragen. Doch je mehr wir lernen, uns selbst mit Mitgefühl und Verständnis zu begegnen, desto leiser wird diese kritische Stimme. Sie verliert ihre Macht über uns und weicht einer liebevolleren, unterstützenden inneren Stimme.

Ein weiterer Baustein deiner Reise war die Selbstakzeptanz. Wahre Selbstakzeptanz bedeutet, sich selbst in allen Facetten anzunehmen und das ständige Streben nach Perfektion aufzugeben. Sich selbst so anzunehmen, wie man ist, bedeutet nicht, dass man nicht wachsen kann – im Gegenteil: Wahre Veränderung beginnt, wenn wir uns selbst lieben und die eigenen Stärken und Schwächen gleichermaßen akzeptieren. Mit der Technik der Selbstakzeptanz hast du dir eine starke Grundlage geschaffen, um auf einem authentischen und liebevollen Selbstbild aufzubauen.

Die Komfortzone zu erweitern, war ein weiterer wichtiger Schritt auf diesem Weg. Ein starkes Selbstbewusstsein entsteht nicht aus Stillstand, sondern aus dem Mut, sich neuen Herausforderungen zu stellen und das Unbekannte zu betreten. Die Arbeit an deiner Komfortzone hat dir gezeigt, dass Wachstum oft mit Unsicherheit einhergeht, doch genau in diesen Momenten lernst du dich selbst von einer neuen Seite kennen. Mit jedem Schritt, den du aus deiner Komfortzone machst, gewinnst du an Selbstvertrauen und spürst die Kraft, die in dir steckt.

Die Kraft der Routine und Beständigkeit

Ein zentraler Aspekt deiner Reise ist die Erkenntnis, dass Beständigkeit der Schlüssel zur dauerhaften Veränderung ist. Die Techniken und Übungen, die du erlernt hast, sind am wirkungsvollsten, wenn sie Teil deines täglichen Lebens werden. Ein starkes Selbstbewusstsein und ein positives Mindset entwickeln sich nicht über Nacht – sie sind das Ergebnis täglicher Entscheidungen und einer bewussten inneren Arbeit.

Vielleicht mag es manchmal schwer erscheinen, dranzubleiben und die Übungen regelmäßig zu machen, doch erinnere dich daran, dass jeder kleine Schritt zählt. Die Wirkung dieser Routinen und Rituale wird sich langfristig zeigen. Erinnere dich immer wieder an die positiven Veränderungen, die du schon durch die ersten Übungen spürst, und halte daran fest, dass diese Veränderungen mit der Zeit noch intensiver werden.

Ein Leben in Selbstbewusstsein und Freude gestalten

Dieses Buch sollte dir nicht nur Werkzeuge an die Hand geben, sondern dir auch zeigen, dass du die Macht hast, dein Leben aktiv zu gestalten. Ein starkes Selbstbewusstsein ermöglicht es dir, Entscheidungen aus einer inneren Stärke heraus zu treffen, authentisch zu sein und dein Leben nach deinen Werten und Wünschen zu leben.

Du bist der Autor deines eigenen Lebens, und das Wissen, das du erworben hast, gibt dir die Möglichkeit, die Kapitel dieses Lebens bewusst zu schreiben. Dein Leben wird immer wieder Herausforderungen mit sich bringen, aber du hast nun das Vertrauen und die Werkzeuge, diesen mit Offenheit und Stärke zu begegnen. Wenn du dir selbst erlaubst, mit Mitgefühl und Geduld voranzugehen, wirst du in der Lage sein, dich weiterzuentwickeln und den Weg des persönlichen Wachstums zu genießen.

Ein Ausblick: Der Weg geht weiter

Die Entwicklung eines positiven Mindsets und eines starken Selbstbewusstseins ist eine lebenslange Reise. Die Arbeit an sich selbst endet nie – sie begleitet uns auf allen Wegen und in allen Phasen unseres Lebens. Doch mit den Grundlagen, die du dir erarbeitet hast, wirst du den weiteren Weg gestärkt und mit einem klaren Bewusstsein gehen.

Nimm dir in regelmäßigen Abständen Zeit, um zurückzublicken und zu erkennen, wie weit du gekommen bist. Vielleicht möchtest du bestimmte Übungen und Reflexionen wiederholen, um noch tiefer zu wachsen. Vertraue darauf, dass du dich jederzeit neu entdecken und weiterentwickeln kannst, und sei offen für die wunderbaren Möglichkeiten, die das Leben dir bietet.

Abschließende Fragen für die Zukunft:

1. Welche Prinzipien und Übungen möchte ich weiterhin anwenden, um mein Leben positiv zu gestalten?
2. Welche Veränderungen habe ich bereits an mir selbst bemerkt, und wie kann ich diese weiter verstärken?
3. Welche neuen Ziele und Träume möchte ich mir setzen und dabei auf mein gestärktes Selbstbewusstsein aufbauen?

Danke, dass du den Mut und das Vertrauen hattest, dich auf diese Reise zu begeben. Möge das, was du in diesem Buch gelernt hast, dir in allen Lebenslagen Halt und Inspiration geben. Erinnere dich daran: Du bist einzigartig, wertvoll und bereit, das Leben selbstbewusst und mit Freude zu gestalten.